BEI GRIN MACHT SICH IF
WISSEN BEZAHLT

- Wir veröffentlichen Ihre Hausarbeit,
  Bachelor- und Masterarbeit

- Ihr eigenes eBook und Buch -
  weltweit in allen wichtigen Shops

- Verdienen Sie an jedem Verkauf

Jetzt bei www.GRIN.com hochladen
und kostenlos publizieren

Bibliografische Information der Deutschen Nationalbibliothek:

Die Deutsche Bibliothek verzeichnet diese Publikation in der Deutschen National-
bibliografie; detaillierte bibliografische Daten sind im Internet über http://dnb.d-
nb.de/ abrufbar.

Dieses Werk sowie alle darin enthaltenen einzelnen Beiträge und Abbildungen
sind urheberrechtlich geschützt. Jede Verwertung, die nicht ausdrücklich vom
Urheberrechtsschutz zugelassen ist, bedarf der vorherigen Zustimmung des Verla-
ges. Das gilt insbesondere für Vervielfältigungen, Bearbeitungen, Übersetzungen,
Mikroverfilmungen, Auswertungen durch Datenbanken und für die Einspeicherung
und Verarbeitung in elektronische Systeme. Alle Rechte, auch die des auszugsweisen
Nachdrucks, der fotomechanischen Wiedergabe (einschließlich Mikrokopie) sowie
der Auswertung durch Datenbanken oder ähnliche Einrichtungen, vorbehalten.

Impressum:

Copyright © 2017 GRIN Verlag, Open Publishing GmbH
Druck und Bindung: Books on Demand GmbH, Norderstedt Germany
ISBN: 9783668526976

Dieses Buch bei GRIN:

http://www.grin.com/de/e-book/375467/energieeffizienz-in-rechenzentren-green-
it-und-massnahmen-zur-optimierung

Christopher Lutz

Energieeffizienz in Rechenzentren. Green-IT und Maß-nahmen zur Optimierung sowie Einblicke in die Umsetzung

GRIN Verlag

GRIN - Your knowledge has value

Der GRIN Verlag publiziert seit 1998 wissenschaftliche Arbeiten von Studenten, Hochschullehrern und anderen Akademikern als eBook und gedrucktes Buch. Die Verlagswebsite www.grin.com ist die ideale Plattform zur Veröffentlichung von Hausarbeiten, Abschlussarbeiten, wissenschaftlichen Aufsätzen, Dissertationen und Fachbüchern.

Besuchen Sie uns im Internet:

http://www.grin.com/

http://www.facebook.com/grincom

http://www.twitter.com/grin_com

Green-IT (Energieeffizienz in Rechenzentren)

Semesterarbeit

Des Studienganges
Betriebswirtschaftslehre
an der Hochschule HS Wismar

Inhaltsverzeichnis

Abbildungsverzeichnis

Tabellenverzeichnis

Abkürzungsverzeichnis

CO_2e	Kohlenstoffdioxidäquivalent
IKT	Informations- und Kommunikationstechnik
LCD	Liquid Crystal Display
MWh	Mega Watt Stunden
COD	Capacity on Demand
COP	Coefficient of Performance
CUE	Carbon Usage Effectiveness
DCIE	Data Center Infrastructure Efficiency
TWh	Terawattstunde
MWh	Megawattstunde
USV	Unterbrechungsfreie Stromversorgung
RZ	Rechenzentrum
SSD	Solid State Disk

1 Einleitung

1.1 Problemstellung und Zielsetzung

Seit ca. 2007 geht der Begriff „Green-IT" *(Dr. Greiner, 2010, p. 4)* durch die Medien. Aber was genau wird überhaupt unter dem Begriff „Green-IT" verstanden? Die vorliegende Arbeit beschäftigt sich mit dieser Fragestellung.

Gerade in der heutigen Zeit, wo jeder über Klimaerwärmung, Naturkatastrophen und CO_2-Werte spricht, bekommt die Energieeffizienz eine immer wichtigere Bedeutung. In den meisten Branchen findet ein Umdenken statt, z.b. in der Automobilbranche haben die Hersteller ihre Produktpalette um Hybrid und sogar elektronische Autos erweitert (Produktdiversifizierung). Auch in der Informations- und Kommunikationsindustrie wird immer mehr Wert auf Energieeffizienz gelegt.

1.2 Gang der Untersuchung

Diese Ausarbeitung gliedert sich in fünf Teile. Zuerst soll dem Leser verdeutlicht werden, in welchen Bereichen Green-IT eine Rolle spielt und wie sich der Energieverbrauch in der IT entwickelt hat.

Das Hauptaugenmerk dieser Arbeit liegt speziell in der Rechenzentrenthematik, genauer bei der Höhe des Stromverbrauches bis hin zum CO_2- Ausstoß. Außerdem werden einige Maßnahmen und Optimierungen aufgezeigt. Des Weiteren liefert ein Beispiel aus der Praxis Einblicke in die Umsetzung von Green-IT.

Im letzten Abschnitt der Arbeit wird ein Ausblick auf die zu erwartenden Entwicklungen dargestellt. Darüber hinaus werden erfolgreiche Umsetzungen von Green IT-Maßnahmen aufgezeigt.

2 Aktuelle Situation in Rechenzentren

Um die nachfolgenden Situationen und Möglichkeiten zur Verbesserung der Energieeffizienz in Rechenzentren darstellen zu können, wird vorab der Begriff „Rechenzentrum" näher erklärt.

Das Bundesamt für Sicherheit in der Informationstechnik, definiert das Rechenzentrum wie folgt:

„Als Rechenzentrum werden die für den Betrieb von komplexen IT-Infrastrukturen (Server- und Speichersysteme, Systeme zur Datensicherung, aktive Netzkomponenten und TK-Systeme, zentrale Drucksysteme usw.) erforderlichen Einrichtungen (Klimatechnik, Elektroversorgung, überwachende und alarmierende Technik) und Räumlichkeiten (z. B. Rechnersaal, Räume für die aktiven Netzkomponenten, Technikräume, Archiv, Lager, Aufenthaltsraum usw.) bezeichnet. Die Abgrenzung vom Rechenzentrum zum Serverraum besteht vor allem darin, dass in einem Rechenzentrum eine räumliche Trennung der IT-Systeme und der unterstützenden Infrastruktur (Elektroversorgung, Klimatechnik usw.) obligatorisch ist. [...] In einem Rechenzentrum kann aufgrund der Konzentration von IT-Geräten und Daten ein deutlich höherer Schaden eintreten als bei dezentraler Datenverarbeitung." *(BSI, 2009)*

Das Rechenzentrum stellt das Fundament des Unternehmens dar. Fast jeder Arbeitsprozess wird heutzutage durch die IT unterstützt, somit wäre ein Ausfall für den betrieblichen Ablauf bzw. für die Kernprozesse verheerend und könnte zu einem Produktionsstillstand führen. Aus diesem Grund könnte man das Rechenzentrum auch als Herz des Unternehmens ansehen. *(Terrahe, 2016, p. 125 f.)*

Abbildung 1: Funktionale Systeme eines Rechenzentrums *(Schödwell, et al., 2013, p. 191)*

In der nachfolgenden Abbildung 1sind die funktionalen Systeme, wie:

- Kühlung
- Stromversorgung
- Support-System
- Und IKT-System

unterteilt.

IKT-System

Zu dem Informations- und Kommunikationstechnik (IKT)-System gehören externe Datenspeicher, Server, Netzwerk- und Kommunikationstechnik, sowie auch Computer, Terminals, Drucker und Management/Monitoring Komponenten, die der Systemüberwachung (Monitoring) und Administration der technischen Betriebsabläufe dienen. *(Schödwell, et al., 2013, p. 191)*

Laut einer Studie des Innovationszentrums Energie der Technischen Universität Berlin, verbraucht das IKT-System ca. 50-80 Prozent des Gesamtenergieverbrauchs in einem Rechenzentrum. *(Schödwell, et al., 2013, p. 191)*

Kühlsystem

In einem Rechenzentrum ist das Kühlsystem zum Schutz vor Überhitzung der elektrischen Anlagen da. Dazu können zugeordnet werden:

- Kälteanlagen
- Rück-/Freikühler
- Pumpen und Ventile
- Umluftklima- und Splitgeräte
- Ent-/ Befeuchter
- Ventilatoren
- Wärmetauscher

Im Durchschnitt verbrauchen die Kühlsysteme ca. 10 bis 50 Prozent des Gesamtstroms. *(Schödwell, et al., 2013, p. 191)*

Stromversorgung

Zu der Stromversorgung gehören:

- Netzanbindungen der Energieversorger
- eigene Transformatoren
- unterbrechungsfreie Stromversorgungen (USV)

Unter einer USV kann eine Art Stromgenerator verstanden werden, der wichtige und empfindliche Geräte bei Stromausfällen kurzfristig mit Strom versorgt. Für langfristige Ausfälle können Netzersatzanlagen (NEA) verwendet werden. Diese Geräte benötigen ca. fünf bis 20 Prozent des Gesamtstroms. *(Schödwell, et al., 2013, p. 191)*

<u>Support-System</u>

Hier befinden sich alle restlichen elektrischen Anlagen aus dem Rechenzentrum, wie z.B.

- Mess-,Steuer und Regelungstechnik
- Beleuchtung
- Anlagen zum Brand- und Gefahrenschutz

Der letzte Bereich benötigt ungefähr ein bis vier Prozent des Gesamtstroms. *(Schödwell, et al., 2013, p. 191)*

2.1 Green IT– Definition und Kennzahlen

Der Leitgedanke der Green IT ist der energieeffiziente Umgang von Informations- und Kommunikationssystemen. Green IT wird in zwei Bereiche aufgeteilt:

- Kosten, Ressourcen und CO_2 -Emissionen mit energieeffizienter Technik einsparen.
- Effizienzsteigerung durch IT in allen Unternehmensbereichen, wie in der Logistik, Verwaltung oder in der Produktion. *(Seidl, et al., 2012, p. 4)*

Im Jahr 2008 wird der Begriff „Green IT" erstmals im „Hype Cycle for Emerging Technologies" von dem IT-Analystenhaus Gartner abgebildet. Wie in Abbildung 2 zu erkennen ist, wird der Green IT eine hohe Beachtung zugeschrieben und im Bereich des Gipfels der überzogenen Erwartungen (Peek of Inflated Expectations) eingeordnet.

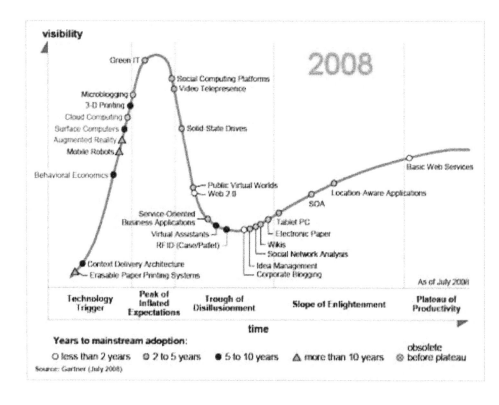

Abbildung 2: Hype Cycle for Emerging Technologies as of 2008 *(Neville Hobson, 2008)*

Im folgenden Jahr 2009 befindet sich Green IT immer noch in diesem Bereich und unterstreicht die Prägnanz dieser Thematik.

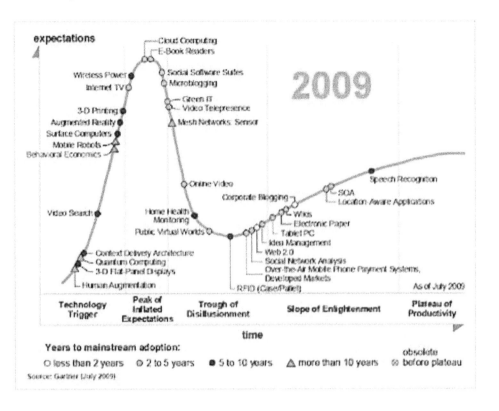

Abbildung 3: Hype Cycle for Emerging Technologies as of 2009 *(Neville Hobson, 2009)*

Anhand beider Abbildungen (Abbildung 2 und Abbildung 3) ist zu erkennen, dass die Green IT laut Gartner innerhalb von 2 bis 5 Jahren etabliert sein wird und ein fester Bestandteil des Alltagsgeschäfts ist. In den folgenden Hype Cycles wurde das Thema Green IT nicht mehr erwähnt. Seit 2008 boomte der Markt für Green IT Lösungen, gar das Leitmotiv der Cebit 2008 war „Green IT".

Die Green IT zielt zudem darauf ab den Einsatz von Energie im Betrieb von Infrastrukturen, wie zum Beispiel Stromversorgung oder Kühlung effizient zu steigern. Hierzu wurden Green IT-Kennzahlen für die Messung der Energieeffizienz im Rechenzentren-Bereich entwickelt. Eine Auswahl dieser Kennzahlen ist in Tabelle 1 zu sehen.

Tabelle 1: Green IT-Kennzahlen

Kennzahl	Formel
Power Usage Effectiveness (PUE)	$PUE = \dfrac{Gesamtenergieverbrauch\ RZ}{Energieverbrauch\ der\ IT}$
Carbon Usage Effectiveness (CUE)	$CUE = \dfrac{Menge\ CO2\text{-}Equivalent\ aus\ Energieverbrauch\ RZ}{Energieverbrauch\ der\ IT\text{-}Komponenten\ im\ RZ}$
Energy Reuse Effectiveness (ERE)	$ERE = \dfrac{(Gesamtenergieverbrauch\ des\ RZ - zurückgewonnene\ Energie)}{Energieverbrauch\ der\ IT}$
Coefficient of Performance (COP)	$COP = \dfrac{Wärmelast}{elektrische\ Leistung\ der\ Kühlung}$
Renewable Energy Factor (REF)	$REF = \dfrac{erneuerbare\ Energie}{Data\ Center\ Gesamtenergie}$
Data Center Infrastructure Efficiency (DCIE)	$DCIE = \dfrac{Gesamter\ Energieverbrauch\ der\ IT\text{-}Komponenten\ (kWh)}{Gesamter\ Energieverbrauch\ eines\ Rechenzentrum\ (kWh)}$

- **PUE** beschreibt das Verhältnis des gesamten Stromverbrauchs eines Rechenzentrums zum Energiebedarf der IT-Ausrüstung *(Koch & Ostler, 2011) (Herzog, 2015, p. 27)*

- **CUE** beschreibt das Verhältnis der Menge an Treibhausgasen die durch den IT-Betrieb erzeugt wurden zum gesamten Energiebedarf der RZ. *(Roderer, 2010)*

- **ERE** beschreibt die Wiederverwendung der im Rechenzentrum erzeugten Wärme. Dies ist ein sehr sinnvolles Vorgehen, auch wenn die Effizienz des Rechenzentrums dadurch nicht verbessert wird, können durch die Wiederverwendung insgesamt Ressourcen eingespart werden. *(Herzog, 2015, p. 30)*

- **COP** Wert ist als Maschinenkennzahl bekannt, die vom Hersteller aber unter definierten Umgebungsbedingungen und bei vorgegebener Last ermittelt wird. Der reale COP für die Kühlung im Rechenzentrum kann aufgrund des Teillast-Verhaltens und realer Außentemperaturen von diesen Herstellerangaben stark abweichen. *(Herzog, 2015, p. 32)*

- **REF** beschreibt den Einsatz erneuerbarer Energien und ist ein weiteres Vorgehen, dass nicht die Energieeffizienz des Rechenzentrums direkt beurteilt, aber seine Nachhaltigkeit im gesellschaftlichen Kontext verbessert. *(Herzog, 2015, p. 31)*
- **DCIE** beschreibt den „Kehrwert der PUE und gibt die Infrastruktureffizienz eines Rechenzentrums an." *(Lampe, et al., 2010, pp. 24-26)*

Mittels dieser Kennzahlen lässt sich die Leistung und Effizienz von Rechenzentren bewerten. Sinnvoll ist der Einsatz von Kennzahlen vor allem vor der Durchführung einer Maßnahme, beispielsweise Installation neuer Kühltürme oder Unterbrechungsfreier Stromversorgung (USV). Nach der Maßnahme werden die Kennzahlen neu ausgewertet und mit der Historie verglichen. Als Faustregel gilt eine Zeit von 3 Monaten und lässt somit eine zuverlässige Bewertung der Wirksamkeit der Maßnahme zu. *(Herzog, 2015, p. 22)*

2.2 Entwicklung des IT-Energieverbrauches

Einer der Hauptbeweggründe für die derzeitige Green-IT-Diskussion, ist der hohe Stromverbrauch von IT-Komponenten in Unternehmen. Die Informations- und Kommunikationsbranche weltweit verursacht ca. 2% der CO_2- Emissionen. Zu den CO_2 Produzenten gehören in dieser Schätzung:

- PCs
- Server
- Festnetz- und Mobilfunknetze
- Lokale Netze
- Drucker
- Bürokommunikation

Zur Veranschaulichung der Dimension, liegt die IT in der Emissionsbilanz gleichauf mit dem Flugverkehr. *(Gartner Inc., 2008)*

Obwohl viele Länder sich derzeitig bemühen die Energieeffizienz zu steigern, wird dieser Anteil nach Schätzungen bis 2020 auf drei Prozent ansteigen. *(Jürgen & Hans , 2008)*

2.3 Überblick und Ausgangslage

Im Jahr 2007 publizierte das Frauenhofer-Institut eine Prognose zum Stromverbrauch in Rechenzentren. Mit dem Ergebnis das der Verbrauch von 9,1 Terrawatt Stunden (TWh) in 2007 auf 12,3 TWh in 2020 ansteigen wird,
wie in der nachfolgenden Abbildung 4 dargestellt.

Im Vergleich zeigt eine Prognose aus dem Jahr 2012 des Borderstep-Institus, dass im Fall eines „Business as usual" Szenarios der Stromverbrauch bis 2015 auf 14,2 TWh angestiegen ist. Die „Bisherige Entwicklung" zeigt, dass obwohl die Zahlen der in Betrieb genommenen

Server ansteigen, im gleichen Zeitraum (von 2008 bis 2011) der Strombedarf um 4 Prozent auf 9,7 TWh gesunken ist. Somit liegt der Stromverbrauch um ca. 1,4 TWh unter dem Verbrauch des „Business as usual" Szenarios. Trotz allem exsistiert noch viel Potenzial für Einsparungen. Im Vergleich von „Business as usual" Szenario zum „Green-IT" Szenario liegt im Jahr 2011 die Differenz zwischen beiden bereits bei 2,3 TWh. *(Hintemann & Fichter, 2012, p. 2)*

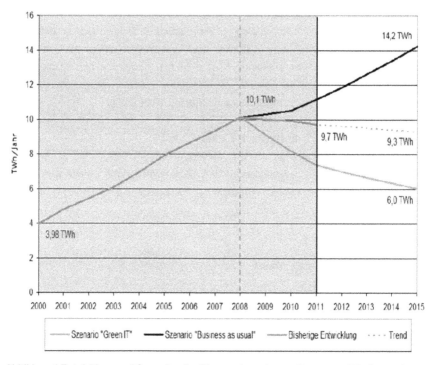

Abbildung 4:Entwicklung und Szenarien des Stromverbrauchs von Servern und Rechenzentren in Deutschland *(Hintemann & Fichter, 2012, p. 2)*

Um eine Stromeinsparung von 2,3 TWh zu erreichen, die im Szenario Green IT dargestellt ist, sollten alle aktuellen verfügbaren und wirtschaftlich sinnvoll anzuwendenden Effizienztechnologien eingesetzt werden.

Für die Verringerung des Stromverbrauchs in Rechenzentren um 400 Gigawattstunden (GWh) im Zeitraum von 2011 bis 2015 sind in erster Linie die Effizienzgewinne der Unterbrechungsfreien Stromversorgungen (USV) sowie die Klimatisierung verantwortlich.

Die verbesserte Effizienz der Informationstechnik gleicht sich mit der steigenden Zahl der Server, der erhöhten Speicherbedarfe und das Mehr an Netzwerktechnik aus. *(Hintemann & Fichter, 2012, pp. 2-3)*

Die Betrachtung der Stromkosten (Abbildung 5) zeigt, dass trotz eines sinkenden Stromverbrauchs, weiterhin ein Anstieg der Kosten um etwa 130 Millionen Euro zu erkennen ist.

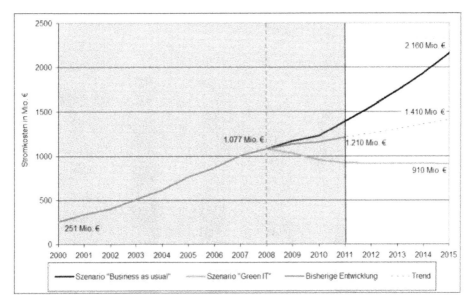

Abbildung 5: Entwicklung und Szenarien der Stromkosten von Servern und Rechenzentren in Deutschland *(Hintemann & Fichter, 2012, p. 3)*

Im Falle des Green IT Szenarios hätten jedoch 160 Millionen Euro eingespart werden können. Der Trend zeigt, dass der Stromverbrauch weiter sinken wird, die Stromkosten jedoch weiter steigen. *(Hintemann & Fichter, 2012, p. 3)*

Nach einer Berechnung des Borderstep Instituts 2015, haben Server, Speicher und Netzwerktechnik in Deutschland einen Energiebedarf von ca. 12 TWh. Bis 2025 soll der Stromverbrauch auf ca. 16,4 TWh ansteigen, siehe Abbildung 6. Dieser Anstieg ist auf die immer höhere Hardwareleistung in Rechenzentren zurückzuführen. Trotz der stetigen Steigerung verbessert sich im Allgemeinen die Energieeffizienz aller IT- und Infrastruktursysteme. *(Dr. Stobbe, et al., 2015, p. 41)*

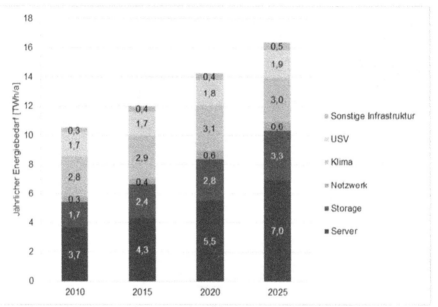

Abbildung 3-4: Elektrischer Jahresenergiebedarf des Bereichs Rechenzentren 2010 – 2025 (Basisprognose)

Abbildung 6:Jahresenergiebedarf von Rechenzentren *(Dr. Stobbe, et al., 2015, p. 42)*

In folgender Abbildung 7 wird ergänzend der Jahresstromverbrauch in einem typischen Rechenzentrum von ca. 1000 m² in den Jahren 2008 und 2015 miteinander verglichen.

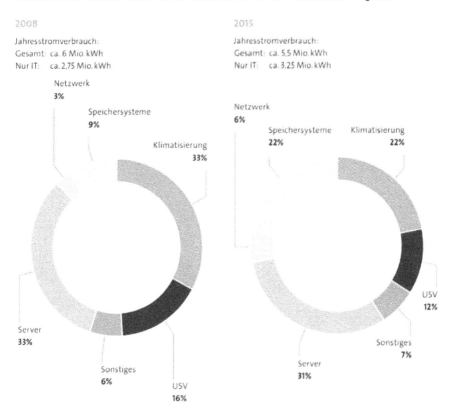

Abbildung 7: Aufteilung des Stromverbrauchs eines typischen Rechenzentrums (ca. 1.000 m2 Rechenzentrumsfläche) im Jahr 2008 und 2015 *(Herzog, 2015, p. 12)*

2.4 Energiemonitoring und Management

Die steigenden Strombedarfe der IKT sowie die immer größer werdenden Stromkosten machen ein Energiemonitoring unabdingbar.

Darunter wird grundsätzlich folgendes Verstanden:

> „Als Energiemonitoring wird ein Prozess verstanden, der entweder dauerhaft oder in bestimmten Zeitintervallen Energiebedarfsdaten bzw. energierelevante Daten erhebt und diese an ein zentrales System übermittelt. Das Zeitintervall muss dabei so gewählt werden, dass für das Energiemanagement nötige Daten (wie z.B. Lastspitzen im Stromverbrauch) enthalten sind und diese bei der Erhebung nicht „übersprungen" werden" *(Gómez, et al., 2013, p. 82)*

Im

Energiemonitoring wird grundsätzlich zwischen einer direkten und einer indirekten Messung unterschieden. Bei einer direkten Messung wird der Energiebedarf direkt mit einem Messgerät bestimmt, während bei einer indirekten Messung die Verbrauchsdaten aus dem zu überwachenden Gerät ausgelesen werden. *(Gómez, et al., 2013, p. 82)*

Verbreitete Messgrößen sind unter anderem:

* Temperatur
* Spannung und Stromverbrauch einer CPU
* Speicherbelegung
* Auslastung
* Durchsatz
* Antwortzeiten
* und Übertragungsraten

Um die Informationen erfassen zu können werden sogenannte Agenten (integrierte Software-Sensoren), Hardware-Sensoren oder Hybrid-Sensoren eingesetzt. Die von den Agenten gesammelten Messdaten, werden z.B. mittels Simple Network Management Protocol (SNMP) oder bei Windows Servern über Windows Management Instrumentation (WMI) an die zentralen Monitoring-Komponenten übertragen. *(Bundesamt für Sicherheit in der Informationstechnik, 2013, pp. 8-15)*

Da das Protokoll SNMP auf den meisten Geräten vorinstalliert oder per Software nachträglich installiert werden kann, ist die weite Verbreitung von Vorteil. Das Monitoring hat gleichwohl einen großen Nachteil. Für die Überwachung der Systeme, wird ein dauerhafter Zugriff auf die zu überwachende Ressource benötigt. Außerdem muss der Agent ununterbrochen laufen. Oft ist das bei den installierten Betriebssystemen sehr kritisch. Die IT-Beauftragten für die Rechenzentren verfügen oftmals nicht über die benötigen Zugriffsrechte auf die Agenten, da viele Firmen Ihre Server in externe Rechenzentren outsourcen (auslagern). Dieser Nachteil ist wiederum ein Vorteil von WMI. Bei WMI ist das Monitoring ohne Agenten möglich. Nachteilig ist jedoch, dass WMI auf die Windows-Welt begrenzt ist. *(Gómez, et al., 2013, p. 84)*

Für die Überwachung von IKT kommt häufig die Open-Source-Software „Nagios" zum Einsatz. „Nagios" ist weitverbreitet in der Industrie, da die Software die Möglichkeit bietet SNMP als auch WMI zur Überwachung einzusetzen. *(Gómez, et al., 2013, p. 84)*

Für die Zukunft wurde bereits ein neuer Standard zum Monitoring und Management von IKT-Systemen von Intel, Hewlett-Packard, NEC und Dell entwickelt. Dieser neue Standard heißt Intelligent Platform Management Interface (IPMI) und wird für die Hardwareüberwachung auch genannt „Platform Management" eingesetzt.

Zum Beispiel für:

- System Temperaturen
- Lüfter und Netzteilen
- für deren Steuerung
- sowie für die Dokumentation von Zuständen

Dieser Agent bietet das Monitoring unabhängig vom den möglichen Hardwarekomponenten an:

- CPU
- BIOS
- Und Betriebssystem

Ein Vorteil des Standards ist, dass IMPI auf die internen Sensoren des zugehörigen Hauptspeichers Zugriff hat. Desweitern hat IPMI die Möglichkeit auf Zustandsinformationen zugreifen, ohne auf das Hauptsystem eingreifen zu müssen. Diese Daten werden dann über den eigenen Netzwerkanschluss übertragen. *(Krenn, Thomas;, 2012)*

Um die gesammelten Daten von den zu überwachenden Systemen und Geräte auslesen zu können, werden sie in ein separates Energiemonitoringsystem übergeben. In Abbildung 8 ist so ein System Beispielhaft beschrieben. Dieses muss unter anderem die IKT-Komponenten und die gebäudetechnischen Anlagen erfassen. *(Gómez, et al., 2013, p. 86)*

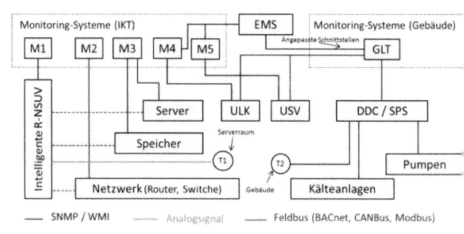

Abbildung 8: Monitoring-Landschaft im Rechenzentrum mit übergeordnetem Energiemonitoringsystem *(Schödwell, et al., 2013, p. 193)*

3 Maßnahmen und Optimierungen

Im letzten Kapitel wurde erläutert, dass der Stromverbrauch durch effizientes Einsetzen von Green IT-Maßnahmen um zusätzliche 2,3 TWh pro Jahr reduziert werden kann. Nachfolgend werden diese Maßnahmen näher dargestellt und konkretisiert.

Da die Mehrheit der Server nur zu 20 Prozent ausgelastet ist, wäre es ratsam die Anzahl zu verringern und die verbliebenen Server effizienter zu betreiben. Dies wird durch die Umsetzung der Virtualisierung ermöglicht, wodurch die Auslastung der Server bis auf 75 Prozent ansteigen kann. Virtualisierung bedeutet, dass mehrere virtuelle Server auf einem realen Server betrieben werden können. (*The Boston Consulting Group GmbH, 2009)* Dadurch wird einer steigenden und heterogenen Serverlandschaft entgegen gewirkt und der Aufwand für Wartungs- und Administrationsarbeiten vereinfacht. Des Weiteren reduzieren sich so auch die Anschaffungskosten der Hardware. *(Niemer, 2010, pp. 57-69)*

Die Abbildung 9 zeigt die Studie des Borderstep Instituts aus dem Jahr 2015. Hier ist der Trend von physischen und virtuellen Servern von 2010 bis 2014 zu sehen

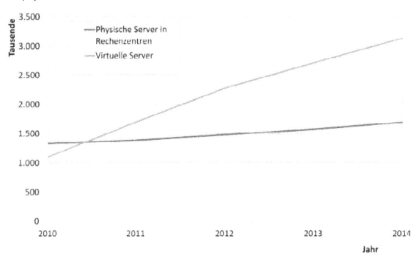

Abbildung 9: Vergleich Physische Server zu Virtuelle Server *(Dietl, 2015)*

Dieser zeigt einen unproportionalen Anstieg von etwa drei Millionen virtuellen Servern und 1,7 Millionen physischen Servern.

Würden die Stand-Alone- und Tower-Server, welche normalerweise nicht in Rechenzentren stehen, noch mit eingerechnet werden, erhöht sich die Summe der installierten physischen Server sogar auf 2,4 Millionen. *(Dietl, 2015)(Herzog, 2015, p. 10)*

16

Bei Bedarf und vor allem bei schwankenden Zugriffszeiten, kann die Technik der „Capacity on Demand" (COD) eingesetzt werden. *(Lampe, et al., 2010, p. 31 f.)*

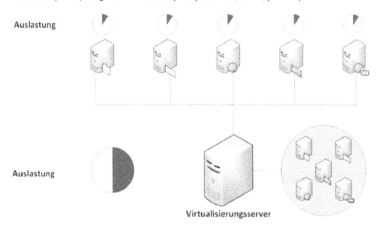

Abbildung 10: Konsolidierung von fünf physischen Servern auf einen Virtualisierungsserver
(Reisinger, 2014)

In der Abbildung 10 wird gezeigt, wie die unterschiedlichen Services von den einzelnen Servern auf einen zentralen Server transportiert werden. Dies reduziert den Energieverbrauch und erhöht die Effizienz um bis zu 50 Prozent. Mit Hilfe der Virtualisierung von Servern ist es Unternehmen möglich flexibel auf neue Anforderungen zu reagieren, als auch die Dienste mit der Hilfe von „Capacity on Demand" (COD) zu skalieren. Somit lässt sich eine angemessene Ausfallsicherheit, Verfügbarkeit und Reaktionszeit gewährleisten.

Weitere Ansatzpunkte zur Reduzierung des Energiebedarfs finden sich in der Optimierung der Kühlung, der IT-Hard- und Software, der Stromversorgung sowie durch Energy Contracting, welche in den folgenden Kapiteln aufgezeigt werden. *(Lampe, et al., 2010, pp. 28-55)*

3.1 IT-Hard- und Software

In der Kategorie Hard- und Software gibt es unter anderem Einsparpotenziale bei den Servern als auch bei der installierten Software. Grundsätzlich gibt es jedoch zwei verschiedene Vorgehensweisen um den Energieverbrauch und die Kosten von Servern zu minimieren. Nicht nur die Hardware kann optimiert werden, damit weniger Strom verbraucht wird, sondern auch der Betrieb der Hardware lässt sich so verbessern, dass die Auslastung der Server erhöht wird. Um ein optimales Konzept zu finden, sollten beide Vorgehensweisen durchgeführt werden.

(Lampe, et al., 2010, p. 28 f.)

Durch die angemessene Auswahl von Serverkomponenten kann der Energieverbrauch deutlich gesenkt werden. Gegenüber herkömmlichen CPUs verbrauchen energiesparende CPUs nur halb so viel. Wie etwa die Advanced RISC Machines (ARM) oder die Intel Atom Prozessoren. Beide Prozessoren wurden ursprünglich für die Verwendung von Smartphones, Tablets und für ähnliche mobile Geräte entwickelt und sollen beide einen reduzierten Energieverbrauch garantieren. Seit einigen Jahren haben Hersteller wie: Applied Micro, Calxeda, Dell, HP und Marvell diese Chips verbaut. *(www.searchdatacenter.de/, 2013)*

Aber auch kleine 2,5 Zoll Festplatten brauchen weniger Energie als 3,5 Zoll Festplatten. Die Umdrehungszahlen von Festplatten spielen beim Stromverbrauch ebenso eine wichtige Rolle, denn geringere Umdrehungszahlen verbrauchen weniger Energie. Als Alternative zur HDD (herkömmlichen Festplatte) könnte der Umstieg, in gewissen Bereichen, auf eine Solid-State Disk (SSD) ratsam sein. Eine SSD besteht nicht aus mechanischen Teilen und arbeitet mit Flash- Speichern. Im Gegenzug enthält eine traditionelle Festplatte eine Speicherscheibe die rotiert und einem mechanischem Arm an dem der Schreib-/Lesekopf befestigt ist. Da die SSD nicht rotieren muss verbraucht sie somit weniger Energie. *(www.searchstorage.de/, 2016)* *(www.searchdatacenter.de/, 2013)*

Größere Arbeitsspeichermodule sollten kleinen Modulen der gleichen Kapazität vorgezogen werden und auch bei der Lüfter- und Netzteilauswahl sollten alle Eigenschaften betrachtet werden.

(Lampe, et al., 2010, p. 29)

Durch eine gezielte Nutzung der Systeme sind weitere Einsparpotenziale möglich. Nicht nur durch Virtualisierung, sondern auch durch Konsolidierung kann dies durchgeführt werden. Konsolidierung beschreibt den Prozess der Zusammenführung von Systemen, Applikationen und Datenbeständen. Das Ziel ist es hierbei die Infrastruktur zu vereinfachen. In der nachfolgenden Abbildung 11 wird bespielhaft gezeigt, wie sich der Gesamtenergiebedarf mittels Virtualisierung und Konsolidierung um 50 Prozent reduziert werden lässt. Hier werden vier Systeme in ein leistungsfähiges System mit gleicher Systemleistung und gleicher Verfügbarkeit überführt. *(Lampe, et al., 2010, p. 31 f.)*

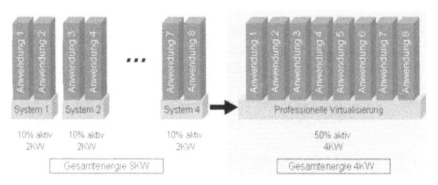

Abbildung 11: Energieeinsparung durch Konsolidierung und Virtualisierung *(Lampe, et al., 2010, p. 32)*

Eine Zusätzliche Alternative zur Energieeinsparung wäre es, dass Herunterfahren und neu starten zu automatisieren. Viele Programme die auf den Servern installiert sind werden nur selten genutzt, so würde es ausreichen die Server nur zu den Bürozeiten zu starten bzw. nur zu den Arbeitstagen zu starten. Abschließend können Serveraktivitäten so terminiert werden, dass Dienste durch ihre Standardeinstellungen nicht immer zur vollen Stunde ausgeführt werden. Im Zuge dessen werden Energienachfragen ausgeglichen und Ausgaben für zusätzliche Hard- und Software eingespart. *(Lampe, et al., 2010, p. 32)*

3.2 Kühlung

Nach den Erkenntnissen aus Kapitel 2 verbraucht die Kühlung eines Rechenzentrums zwischen 10 bis 50 Prozent des Gesamtstromverbrauchs. Bei der Planung und Errichtung eines Rechenzentrums stellt die Planungsphase der Kühlung eine besondere Herausforderung dar, da die Kühlung in den meisten Fällen über mehrere IT-Generationen in Betrieb bleibt. *(Lampe, et al., 2010, p. 34)*

Die Kühlgerätearten unterscheiden sich in Komfort- und Präzisionsklimageräte, wobei bei beiden Geräten zwischen Kühlmedien und Kältemittel der zum Einsatz kommenden Medien zur Wärmeabfuhr unterschieden werden kann. Diese Gerätearten differenzieren sich deutlich hinsichtlich ihrer Einsatzgebiete. Die Komfortklimageräte kühlen direkt die Rechner im Serverrack, wodurch sonstige Lasten im Raum unberücksichtigt bleiben. Im Gegensatz dazu kühlen die Präzisionsklimageräte den Rechnerraum und berücksichtigen neben der Temperatur auch die relative Feuchte. Eigentlich wurde diese Kühlgeräteart anfangs speziell für Serverräume konzipiert. Sie bieten zwei unterschiedliche Belüftungsführungen an:

- Die Downflow, wo die Luft von oben nach unten geführt wird.
- Die Upflow, wo die Luft von unten, vorne oder hinten nach oben geführt wird.

(Lampe, et al., 2010, pp. 34-36)

Als Kühlmedium bezeichnet man Wasser und Luft, wobei Wasser im direkten Vergleich, die Wärme ca. 3500 Mal besser speichern kann als Luft. Wasser überzeugt vor allem durch leichte Beherrschbarkeit und die einfache Verfügbarkeit. Weiterhin kann durch Zusatz von Frostschutzmitteln (z.B. „Glykol") das Wasser eine Temperatur von unter 0°C erreichen ohne zu gefrieren. Zusätzlich beinhalten die heutigen Frostschutzmittel auch einen Rostschutz. Unter Kältemittel sind chemische Stoffe oder Stoffverbindungen mit geringem Siedepunkt, aber auch natürliche Stoffe wie Ammoniak oder Kohlendioxid zu verstehen. Jedoch werden Ammoniak aufgrund der Sicherheitsanforderungen und Kohlendioxid aufgrund der hohen Investitionskosten in Rechenzentren nicht verwendet. Heutzutage wird in Rechenzentren am meisten Luft zur Kühlung eingesetzt, womit sowohl der Raum als auch die Racks gekühlt werden sollen. *(Lampe, et al., 2010, p. 36 f.)*

Eine weitere Methode zur Kühlung eines Rechenzentrums ist die **Freie Kühlung**. Hierbei wird zwischen der direkten und indirekten „Freien Kühlung" unterschieden. Die direkte **Freie Kühlung** leitet die Außenluft in den Raum und die Raumluft wieder nach außen. Bei niedriger Außentemperatur ist dieses System sehr effizient, da ein weiteres Klimagerät nicht eingeschaltet werden muss.

Umso höher die Außentemperatur wird, desto höher ist auch der Energiebedarf des Systems. Nichts desto trotz scheidet die direkte **Freie Kühlung** für die meisten Anwendungsfälle aus, da bei größeren Anwendungen auch größere Außenluftmengen in den Raum geführt werden und die Raumluftfeuchte gut geregelt sein muss. Die indirekte **Freie Kühlung** weist diese Nachteile nicht auf, da ein Wasser/Glykolgemisch an der Außenluft abgekühlt und im Raum zur Kühlung eingesetzt wird. Auch wenn die Investitionskosten für zusätzliche Komponenten deutlich höher sind, kann dies durch geringe Betriebskosten mittelfristig kompensiert werden. Daneben kann durch eine sorgfältige Auslegung aller Komponenten ohne zusätzliche Kühlmittel Energie gespart werden. *(Lampe, et al., 2010, p. 41 f.)*

3.3 Stromversorgung

Der Hauptansatzpunkt für die Optimierung im Bereich der Stromversorgung ist die Unterbrechungsfreie Stromversorgung (USV). Der Einsatz von intelligenten Steckdosenleisten bietet zudem zusätzliches Optimierungspotenzial. *(Lampe, et al., 2010, p. 45)* In der Tabelle 2 sind die verschiedenen Arten der Stromversorgungseinspeisung aufgelistet. Zusätzlich wird gezeigt, für welche Bereiche die Arten sinnvoll eingesetzt werden könnten.

Tabelle 2: Art der Stromversorgungseinspeisung *(Lampe, et al., 2010, p. 46)*

Art	Beispiel
Allgemeine Stromversorgung (AV)	Versorgung aller im Gebäude vorhandenen Anlagen und Verbraucher
Sicherheitsstromversorgung (SV)	Versorgung von Anlagen, die im Gefahrenfall schützen, z.B.: Sicherheitsbeleuchtung Feuerwehraufzüge Löschanlagen
Unterbrechungsfreie Stromversorgung (USV)	Versorgung empfindlicher Verbraucher, die bei AV-Ausfall/Störung unterbrechungsfrei weiterbetrieben werden müssen, z.B.: Server/Rechner Kommunikationstechnik Leitsysteme Notbeleuchtung, Tunnelbeleuchtung

Häufig sind veraltete USV-Anlagen im Einsatz oder werden an falschen Stellen eingesetzt. Dies hat einen höheren Energieverbrauch zur Folge. Aufgrund dessen muss über eine Modernisierung nachgedacht und festgelegt werden, welche Ausfallsicherheit der Stromversorgung für jedes System und des gesamten Rechenzentrums notwendig ist. Oftmals werden nicht alle Systeme gleich ausfallsicher gestaltet, sondern eine Unterscheidung hinsichtlich der Gefährdung des Ausfalls für den Erfolg des Unternehmens gemacht. Für zusätzliche Sicherheit werden USV-Anlagen redundant gestaltet, wobei dies zu Lasten der Energieeffizienz fällt. *(Lampe, et al., 2010, p. 50)*

Intelligente Steckdosenleisten sind unter dem Begriff Smart Power Strips (SPS) bekannt und weisen verschiedene Funktionen auf. Neben einfachem Plug and Play, Modularität und leichten Zugriff auf unterschiedliche Stromkreise, kommen noch Fernsteuerbarkeit über IP-Netzwerke und eine integrierte Leistungsmessung hinzu. Diese Messungen sind vor allem für jede Steckdose im Einzelnen interessant, da infolgedessen eine genaue Lastverteilung feststellbar ist und somit die beste Position für einen neuen Server im Raum gefunden werden kann.

(Lampe, et al., 2010, p. 52 f.)

3.4 Energy Contracting

Für Rechenzentren spielt nicht nur die energieeffiziente Betriebsweise des Netzwerks, der Server, der Speicher und der Security eine Rolle. Die Energiebeschaffung und sichere Versorgung der gesamten Infrastruktur zählen ebenso dazu. Diese Sicherstellung eines energieeffizienten Systems ist mit einer Reihe von Investitionen verbunden. Dazu zählen beispielsweise USV Anlage, Kühlsysteme und Gebäude-Automatisierung. *(Beuthner & Ostler, 2014)*

Das Energy-Contracting nimmt dem Betreiber des Rechenzentrums diese Investitionen und den erforderlichen Planungs- und Managementaufwand ab. Der sogenannte Contractor fungiert dabei als Dienstleister und ist für die Finanzierung, Planung, Errichtung, Betrieb und Wartung der Energieversorgungsanlagen und der Energiebeschaffung zuständig. *(BDEW, Bundesverband der Energie- und Wasserwirtschaft e. V., 2010, p. 9)*

Für den Contracting-Nehmer kommt es somit zu Kosteneinsparungen aufgrund des optimierten Betriebs der Energieanlage und der Übertragung des technischen und wirtschaftlichen Risikos auf den Contractor. *(BDEW, Bundesverband der Energie- und Wasserwirtschaft e. V., 2010, p. 7)*

4 Green-IT anhand konkreter Beispiele

Die folgende Fallstudie schildert den Einsatz von Green IT für das Unternehmen Auto Teile Unger (ATU). Da das Unternehmen schnell wächst, wird eine IT-Infrastruktur benötigt die sich dem Wachstum anpassen kann. Dazu verwendet ATU eine skalierbare „Server Based Computing- Infrastruktur" mit Thin-Clients von IGEL.

Clients lassen sich in zwei Kategorien einteilen:

- Fat-Clients
- Und Thin-Clients

Ein Fat-Client ist ein vollwertiger PC der auch ohne eine Netzwerkverbindung existieren bzw. arbeiten kann. Im Kontrast dazu können Thin-Client (Netzwerk-Computer) nicht ohne eine aktive Netzwerkverbindung funktionieren. Die komplette Arbeit dieser PCs findet auf dem Server statt. *(Zöller, 2005)*

4.1 Das Unternehmen

Auto Teile Unger wächst seit der Gründung 1985 stetig. Mittlerweile betreibt das Unternehmen über 600 Filialen und beschäftigt in Deutschland, Österreich und in der Schweiz über 10.000 Mitarbeiter. *(A.T.U Auto-Teile-Unger GmbH & Co. KG, 2016)*

Damit der Filialwachstum auch künftig umsetzbar ist, führt ATU in Etappen „Server Based Computing- Infrastruktur" mit Thin-Clients ein. *(Lampe, et al., 2010, p. 169)*

4.2 Ausgangssituation

Die Filialen waren zuvor mit Fat-Clients ausgestattet, welche über ein Client/Server Netzwerk miteinander verbunden waren. Laut des IT-Leiters (Manfred Gerlach) führten Administration, Wartung und Support dieser Infrastruktur zu einigen Schwierigkeiten. Wodurch die Kosten für Beschaffung, Support und Strom der 4000 PCs stark anstiegen. *(Lampe, et al., 2010, p. 169)*

4.3 Umsetzung

Anfang 2006 beschloss ATU die IT zu zentralisieren nach dem Konzept Proof-of-Concept, um die Risiken des Projektes zu minimieren. Für die Umsetzung des Projektes wurde das Unternehmen IBM Global Technology Services GmbH beauftragt. *(Lampe, et al., 2010, p. 170)*

Ab Juli 2006 wurde die Server Based Computing-Infrastruktur als Fundament von Citrix Presentation Server 4.0 nach und nach installiert. Als Endgeräte werden einzig Thin-Clients aus der Smartserie verwendet. Vorläufig wird für die Filialanwendung in jeder Geschäftsfiliale ein Citrix-Server aufgestellt, bis diese Anwendung auf allen Thin-Clients über das zentrale Rechenzentrum betrieben werden kann. *(Lampe, et al., 2010, p. 170)*

Das Ziel war es die Zentrale und 150 neue Geschäftsfilialen mit Thin-Clients auszustatten. *(Lampe, et al., 2010, p. 172)*

Nach der Erfolgreichen Implementierungsphase konnte im April 2007 der Roll-out der Thin-Clients beginnen. Der Roll-out erfolgte nachts über die eigene Logistik. Da die Clients vorkonfiguriert ausgeliefert wurden, musste die PCs nur noch angeschlossen werden. Alle weiteren benötigten Informationen konnte sich der Thin-Client vom Server holen. *(Lampe, et al., 2010, pp. 171-172)*

4.4 Erkenntnisse

Durch die neue Infrastruktur konnten ca. 25 Prozent beim Support eingespart werden, da die Anwendungen nicht lokal auf den Fat-Clients installiert sind, sondern auf den Terminalserver. So lassen sich Updates und Installationen erheblich schneller installieren. Durch die Umsetzung der Server Based Computing-Infrastruktur konnten flächendeckend alle Filialen mit neuen Diensten wie Internet, E-Mail oder Intranet ausgestattet werden. Der Support der Thin-Clients erfolgt mit Unterstützung der Managementsoftware von IGEL.

Des Weitern konnte durch die Citrix Umgebung auch neue Dienste in Anspruch genommen werden. wie z.B.:

- Videokonferenzen IP- Telefonie (VoIP via Thin –Client)
- Drucken über das Netzwerk (ThinPrint)
- Anschluss von mehreren Bildschirmen (Dualview-Funktion)
- Informations- Werbevideos auf den Bildschirmen in den Filialen zu streamen (MPlayers) *(Lampe, et al., 2010, p. 172)*

Außerdem konnte der Stromverbrauch um ca. 30 Prozent bis 2009 gesenkt werden. Das entspricht etwa 230.000€ im Jahr. Zusätzlich konnte durch die Umstellung der CO_2 Ausstoß um ca. 981 Tonnen gesenkt werden. *(Lampe, et al., 2010, p. 172)*

Zur Auswahl standen dem Unternehmen ATU zwei Szenarien, die in den folgenden Tabellen für den ersten Projektschritt dargestellt werden.

1. **Szenario:**

Das geplante Konzept mit einer Mischung aus Alt-PCs und Thin- Clients.

Tabelle 3: Szenario 1) mit Thin Clients und Alt-PCs (Stand 2008/2009): 500 Thin Clients in der Zentrale, 550 Alt-Filialen weiterhin PC-basiert (Fat Client), 150 Filialen mit Zwischenlösung (mit je einem dezentralen Terminalserver) *(Lampe, et al., 2010, p. 173)*

	Filialen		Zentrale
	Thin-Clients	PC	PC
Anzahl Standorte	150	550	1
Endgeräte pro Standort	8	8	500
Verbrauch pro Endgerät in Watt			
(bei Thin-Clients inkl.	28	85	41
Laufzeit (Stunden pro Tag)	14	24	8
Laufzeit (Tage pro Tag)	6	7	5
Laufzeit (Wochen pro Jahr)	52	52	44
Befristeter Mehrverbrauch durch einen			
dezentralen Terminalserver pro Filiale	15.000	0	0
Laufzeit (Stunden pro Tag)	24		
Arbeitstage pro Jahr	365		
Verbrauch Endgeräte (KWh)	146.765	3.267.294	36.080
Verbrauch dezentraler Server (KWh)	131.400		
Stromverbrauch Endgeräte (KWh)	3.581.509		36.080

2.Szenario:

In der Alternative bestand die Möglichkeit wie zuvor weiter zu verfahren und alle Arbeitsplätze mit FAT-Clients auszustatten.

Tabelle 4: Szenario 2) ausschließlich mit Fat Clients (700 Filialen und Zentrale) *(Lampe, et al., 2010, p. 173)*

	Filialen	Zentrale	
Endgeräte pro Standort	700	500	
Laufzeit (Stunden pro Tag)	24	8	
Laufzeit (Tage pro Tag)	7	7	
Laufzeit (Wochen pro Jahr)	52	52	
Stromverbrauch Endgeräte (KWh)	5.082.411	56.124	200 Watt pro PC

In der Tabelle 5 ist die Gesamtbetrachtung zusammengefasst dargestellt.

Tabelle 5: Fazit Gesamtbetrachtung *(Lampe, et al., 2010, p. 174)*

	Filialen	Zentrale	Gesamt
Stromverbrauch mit Thin Clients (Szenario 1) (KWh)	3.545.429	36.080	3.581.509
Stromverbrauch ohne Thin Clients (Szenario 2) (KWh)	5.082.411	56.124	5.138.535
Einsparung pro Jahr (MWh)			1.557
Einsparung pro Jahr in Prozent			30%
Einsparung pro Jahr (bei 0,15€/KWh)			233.554 €
Entsprechende Minderung des CO_2-Ausstoßes pro Jahr			981 t

Die

Ergebnisse des Projektes sowie die Zusammenarbeit mit IBM Global Technology Services GmbH waren für das Unternehmen ATU zufriedenstellend, erklärte IT-Leiter Manfred Gerlach. ATU rechnet damit, dass in drei bis vier Jahren sich die Anfangsinvestition amortisiert haben wird (Stand 2009). Laut Manfred Gerlach werden künftig alle neuen Filialen ausschließlich mit Thin-Clients ausgestattet. Ein Unternehmensziel ist es pro Jahr ca. 50 Filialen neu zu eröffnen und diese mit insgesamt 400 Thin-Clients auszustatten, welches durch die neue IT-Infrastruktur möglich geworden ist. *(Lampe, et al., 2010, p. 174)*

5 Schlussbetrachtung

5.1 Zusammenfassung

Die Frage aus dem Kapitel 1.1 („Was genau wird überhaupt unter dem Begriff „Green-IT" verstanden?") kann nun damit beantwortet werden, dass es bei Green IT grundlegend um die Senkung des Energieverbrauches und der CO_2 Emissionen geht. Ob das mit der Unterstützung der IT oder in der IT passiert, spielt grundsätzlich keine Rolle. Das Praxisbeispiel der Auto-Teile-Unger GmbH und Co.KG zeigt, dass in der IT durch Virtualisierung und Umstrukturierung erhebliche Einsparpotenziale vorhanden und umsetzbar sind. Dort können pro Jahr etwa 233.554€ sowie 1.557 MWh an Energiekosten eingespart werden.

Auch durch andere Projekte können erhebliche Einsparungen erreicht werden. Zum Beispiel konnte IBM durch eine Umstrukturierung eines Rechenzentrums die Anzahl der Server von 3.900 Stück auf 33 Stück reduzieren. Das hatte eine Energieeinsparung von ca. 85 % sowie eine Platzeinsparung von ca. 90 % zufolge. Alternativ konnte auch das Unternehmen STRATO AG durch Installation neuer Kühlsysteme und Hardware den Stromverbrauch um 30 % reduzieren. *(Buhl & Laartz, 2008, p. 261)*

5.2 Fazit

Mit Hilfe der Green IT ist es heute möglich, Energie einzusparen und das Wirtschaften ökologischer und ökonomischer zu gestalten.

Vorwiegend besteht in Rechenzentren noch ein Energieeinsparungspotenzial von bis zu 2,3 TWh. *(Hintemann & Fichter, 2012, p. 2)* Im Rahmen des Monitoring gibt es zusätzlich noch viel Forschungsbedarf. An erster Stelle befindet sich der neue Standard IPMI, bei dem deutlich mehr Informationen aufgenommen werden können. Diese Daten müssen analysiert und ausgewertet werden, um weitere Einsparmöglichkeiten zu ermitteln.

5.3 Ausblick

Trotz aller zur Verfügung stehender Maßnahmen und Optimierungen wird voraussichtlich der Anteil der IT an den weltweiten CO_2e äquivalentem – Ausstößen auf drei Prozent ansteigen. Um im Vergleich zu 1990 die Absenkung auf 70 - 80 Prozent zu realisieren, müssen noch weitreichende Maßnahmen getroffen werden. Green IT allein ist zwar ein Schritt in die richtige Richtung, jedoch reichen die Green IT-Maßnahmen nicht aus. *(Buhl & Laartz, 2008, p. 264)* Es müsste zusätzlich auf fossile Brennstoffe verzichtet werden. Dieses Thema wurde schon öfters in der Öffentlichkeit diskutiert, aber lediglich meist nur über die Rohstoffe Öl, Gas und Kohle. Damit der Wohlstand der Zivilisation aufrechterhalten werden kann, sollten sich die Diskussionen um die natürlichen Ressourcen drehen. Z.B., dass nachhaltiges Wirtschaften mit natürlichen, endlichen Ressourcen erst bei steigenden Rohstoffpreisen erzwungen wird. In diesem Aspekt stellen sich auch für die IT und die Wirtschaft mehrere Fragen. Eine dieser Fragen formuliert Prof. Dr. Hans Ulrich Buhl wie folgt: „Wie schaffen wir es als Wirtschaftsinformatiker, dass jeder in IT investierte Euro mindestens 5 Euro an Rohstoffen und Energie einspart und/oder dass jede von IT verursachte Kilowattstunde mindestens 5 Kilowattstunden Energie und weitere Rohstoffe einspart?" Hierbei gilt es unter anderem die internationale Energie- und Rohstoffströme zu optimieren, integrierte Wirtschaftlichkeits- und Ökoeffizienzbetrachtungen sowie Lebenszyklusanalysen künftiger Produkte zu erstellen.

Zudem können durch IT Geschäfts- und Produktionsprozesse so unterstützt werden, dass Ressourcen effizienter genutzt und gleichzeitig Energie gespart werden kann. Unter Betrachtung dieser Einsatzmöglichkeiten von IT können knapp 7.300 Millionen CO_2-Emissionen, was 15 Prozent gemessen an den Prognosen für 2020 entspricht, beigetragen werden. IT ist also nicht nur ein Teil des Problems, sondern vor allem ein Teil der Lösung. *(Buhl & Laartz, 2008, p. 262 f.)*

Den Unternehmen ergeben sich durch die Einführung von Green-IT viele Vorteile, wie zum Beispiel durch Förderung vom Staat. Zusätzlich wird durch die Einführung von Green-IT ein neuer Markt für nachhaltige Produkte sowie Dienstleitungen geschaffen. Die Industrie sieht großes Potenzial in dem Vertrieb dieser Produkte, da sich Green-IT in der vergangenen Zeit immer mehr zu einem Qualitätsmerkmal für die Unternehmen entwickelt hat. *(Deutsche Energie-Agentur GmbH (dena), 2012, p. 5)*

6 Literaturverzeichnis

The Boston Consulting Group GmbH, 2009. *SMART 2020 Adddendum Deutschland: Die IKT-Industrie als treibende Kraft auf dem Weg zu nachhaltigem Klimaschutz.* [Online] Available at: http://www.telekom.com/static/-/10038/3/smart-2020-si [Zugriff am 01 10 2016].

A.T.U Auto-Teile-Unger GmbH & Co. KG, 2016. *http://www.atu.de/.* [Online] Available at: http://www.atu.de/pages/unternehmen/atu-in-zahlen.html [Zugriff am 14 10 2016].

BDEW, Bundesverband der Energie- und Wasserwirtschaft e. V., 2010. *www.bdew.de.* [Online] Available at: https://www.bdew.de/internet.nsf/res/Energie-Contracting/$file/707_BDEW-Broschuere_Contracting.pdf [Zugriff am 02 10 2016].

Beuthner , A. & Ostler, U., 2014. *www.DataCenter-Insider.de.* [Online] Available at: http://www.datacenter-insider.de/energie-effizienz-im-rechenzentrum-vertraglich-garantiert-a-433058/ [Zugriff am 02 10 2016].

BSI, 2009. *www.bsi.bund.de.* [Online] Available at: https://www.bsi.bund.de/DE/Themen/ITGrundschutz/ITGrundschutzKataloge/Inhalt/_content/baust/b02/b02009.html [Zugriff am 02 10 2016].

Buhl, H. U. & Laartz, J., 2008. In: *Warum Green IT nicht ausreicht – oder: Wo müssen wir heute anpacken, damit es uns übermorgen immer noch gut geht?.* s.l.:Springer-Verlag, pp. 261-265.

Bundesamt für Sicherheit in der Informationstechnik, 2013. *www.bsi.bund.de.* [Online] Available at: https://www.bsi.bund.de/SharedDocs/Downloads/DE/BSI/Hochverfuegbarkeit/BandB/B10_Ueberwachung.pdf;jsessionid=74BD6F9E00154A11673F3BD628469233.2_cid286?__blob=publicationFile&v=1 [Zugriff am 10 10 2016].

Deutsche Energie-Agentur GmbH (dena), 2012. *https://shop.dena.de.* [Online] Available at: https://shop.dena.de/fileadmin/denashop/media/Downloads_Dateien/esd/1337_Broschuere_Green-IT.pdf [Zugriff am 02 11 2016].

31

Dietl, W., 2015. *http://www.searchdatacenter.de/*. [Online]
Available at: http://www.searchdatacenter.de/news/2240239021/Kapazitaeten-deutscher-Data-Center-legen-2014-um-gut-sieben-Prozent-zu
[Zugriff am 10 10 2016].

Dr. Greiner, W., 2010. *Green-IT, Virtualisierung und Thin Clients.* s.l.:Springer Verlag.

Dr. Stobbe, L. et al., 2015. *Entwicklung des IKT-bedingten Strombedarfs in Deutschland.* Berlin: Borderstep Institut / Frauenhofer IZM.

Gartner Inc., 2008. *Gartner Estimates ICT Industry Accounts for 2 Percent of Global CO2 Emissions.* [Online]
Available at: http://www.gartner.com/newsroom/id/503867
[Zugriff am 16 08 2016].

Gómez, J. M., Lang, C. & Wohlgemuth, V., 2013. *IT-gestütztes Ressourcen- und Energiemanagement.* Berlin Heidelberg: Springer-Verlag.

Heinz Ahn, M. C. R. S., 2016. *Nachhaltige Entscheidungen: Beiträge zum multiperspektivischen Performancemanagement von Wertschöpfungsprozessen.* s.l.:Springer-Verlag.

Herzog, C., 2015. *www.bitkom.org.* [Online]
Available at: https://www.bitkom.org/Publikationen/2015/Leitfaden/LF-Energieeffizienz-in-Rechenzentren/150911-LF-Energieeffizienz-in-RZ.pdf
[Zugriff am 12 10 2016].

Hintemann, D. R. & Fichter, P. D. K., 2012. *http://www.bmwi.de/*. [Online]
Available at: http://www.bmwi.de/Dateien/Green-IT/PDF/energieverbrauch-und-energiekosten,property=pdf,bereich=green-it,sprache=de,rwb=true.pdf
[Zugriff am 19 10 2016].

Hintemann, R. & Fichter, K., 2012. *www.borderstep.de.* [Online]
Available at: https://www.borderstep.de/wp-content/uploads/2014/07/Hintemann-Fichter-Kurzstudie_Rechenzentren_2012.pdf
[Zugriff am 05 10 2016].

Jürgen, L. & Hans , B. U., 2008. *http://link.springer.com/*. [Online]
Available at: http://link.springer.com/article/10.1365/s11576-008-0058-5
[Zugriff am 20 08 2016].

Koch, P. & Ostler, U., 2011. *http://www.datacenter-insider.de/*. [Online]
Available at: http://www.datacenter-insider.de/von-pue-und-dcie-bis-c02-die-kennzahlen-im-rechenzentrum-a-325173/
[Zugriff am 12 10 2016].

Krenn,   Thomas;,   2012.   www.thomas-krenn.com.   [Online]
Available   at: https://www.thomas-krenn.com/de/wiki/IPMI_Grundlagen
[Zugriff am 10 10 2016].

Lampe, F., Hintemann, R. & Skurk, H., 2010. *Green-IT, Virtualisierung und Thin Clients.*
Wiesbaden: Vieweg + Teubner und GWV Fachverlage GmbH.

Neville   Hobson,   2008.   *NevilleHobson.com.*   [Online]
Available   at: http://www.nevillehobson.com/2008/08/28/notables-in-the-2008-gartner-hype-
cycle/
[Zugriff am 12 10 2016].

Neville   Hobson,   2009.   *http://www.nevillehobson.com/.*   [Online]
Available at: http://www.nevillehobson.com/2009/08/02/gartner-restricts-usage-of-hype-cycle-
graphics/
[Zugriff am 12 10 2016].

Niemer, M., 2010. *Green-IT, Virtualisierung und Thin Clients.* Wiesbaden: Vieweg + Teubner
und GWV Fachverlage GmbH.

Reisinger, N., 2014. *Green-IT-Strategien für den Mittelstand: Nachhaltige Lösungen in der IT
und durch IT-Unterstützung.* 1. Hrsg. Hamburg: Diplomica Verlag.

Roderer,   U.,   2010.   *http://www.datacenter-insider.de/.*   [Online]
Available at: http://www.datacenter-insider.de/green-grid-neuen-kenngroessen-fuer-co2-und-
wasserverbrauch-im-rz-a-295106/
[Zugriff am 12 10 2016].

Schödwell, B., Barz, B. & Zarnekow, R., 2013. *Auf dem Weg zu einem ganzheitlichen,
quantitativen Bewertungsansatz für Energiemonitoring-Systeme in Rechenzentren.* [Online]
Available   at: http://subs.emis.de/LNI/Proceedings/Proceedings208/189.pdf
[Zugriff am 05 10 2016].

Seidl, H., Joest, S., Zoch, I. & Blank, S., 2012. *http://www.dena.de/.* [Online]
Available   at:
http://www.dena.de/fileadmin/user_upload/Publikationen/Stromnutzung/Dokumente/GreenIT
_Potenziale_fuer_die_Zukunft.pdf
[Zugriff am 12 10 2016].

Terrahe, U., 2016. *CSR und Energiewirtschaft.* Berlin Heidelberg: Springer Berlin Heidelberg.

Thesmann, S. & Burkard, W., 2015. *Wirtschaftsinformatik für Dummies.* Weinheim: Wiley-VCH
Verlag GmbH & Co.KG.

www.searchdatacenter.de/,   2013.   *www.searchdatacenter.de/.*   [Online]
Available at: http://www.searchdatacenter.de/lernprogramm/Checkliste-Zehn-Methoden-fuer-
das-Senken-des-Energieverbrauchs-im-Data-Center
[Zugriff am 01 10 2016].

www.searchdatacenter.de, 2013. *www.searchdatacenter.de.* [Online]
Available at: http://www.searchdatacenter.de/lernprogramm/Checkliste-Zehn-Methoden-fuer-das-Senken-des-Energieverbrauchs-im-Data-Center
[Zugriff am 01 10 2016].

www.searchstorage.de/, 2016. *http://www.searchstorage.de/.* [Online]
Available at: http://www.searchstorage.de/definition/Solid-State-Drive-SSD
[Zugriff am 01 10 2016].

Zarnekow, R. & Kolbe, L. M., 2013. *Green IT Erkenntnisse und Best Practices aus Fallstudien.*
s.l.:Springer Verlag.

Zöller, B., 2005. *http://www.zoeller.de/.* [Online]
Available at: http://www.zoeller.de/magersucht-thin-client-vs-fat-client-teil-2/
[Zugriff am 14 10 2016].

BEI GRIN MACHT SICH IHR WISSEN BEZAHLT

- Wir veröffentlichen Ihre Hausarbeit,
  Bachelor- und Masterarbeit

- Ihr eigenes eBook und Buch -
  weltweit in allen wichtigen Shops

- Verdienen Sie an jedem Verkauf

Jetzt bei www.GRIN.com hochladen
und kostenlos publizieren